So kannst du mit den Heften arbeiten

Du machst alle
Seiten der Lernportion 1.

Zuerst im grünen Heft. Dann im roten Heft. Dann im gelben Heft. Und dann im blauen Heft.

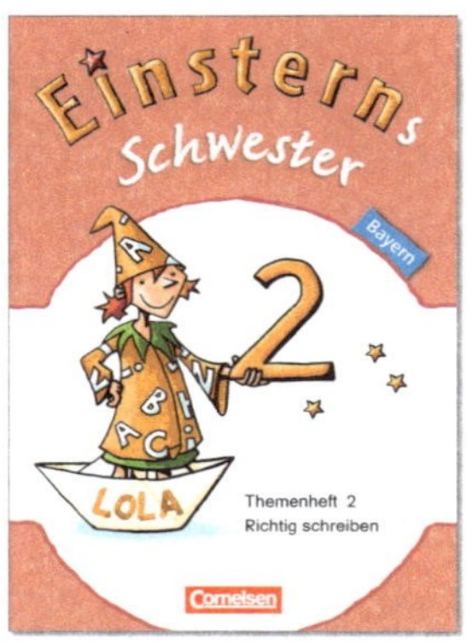

Danach machst du in
allen Heften die Lernportion 2.

Nun machst du in
allen Heften die Lernportion 3.

Genauso bearbeitest du
alle anderen Lernportionen.

Einsterns Schwester

Themenheft 3

Texte planen und schreiben

Herausgegeben von
Roland Bauer
Jutta Maurach

Erarbeitet von
Iris Samajdar

Auf der Grundlage der Ausgabe von
Katrin Baudendistel
Daniela Dreier
Alexandra Schwaighofer

Cornelsen

…nnis

1 Eine Einkaufsliste schreiben

1. Überlege, mit welcher Liste du am besten einkaufen kannst.
   Erkläre einem anderen Kind, warum.

2 dicke Bleistifte, 2 Hefte,
rote Umschläge, Radiergummi,
Wachsmalstifte

2 dicke Bleistifte,
2 Hefte kariert,
2 rote Umschläge,
1 Radiergummi,
Wachsmalstifte

dicker Bleistift,
rote Umschläge,
Heft kariert,
Radiergummi,
Heft kariert,
Wachsmalstifte,
dicker Bleistift

2. Schreibe einen Einkaufszettel,
   der zu diesem Einkauf passt.

H. 3, S. 5, 2
Einkaufsliste:
...

→ AH Seite 10

1 Einen Wunschzettel schreiben

1. Schreibe auf, was sich Tim zum Geburtstag wünscht.

H 3, S. 6, 1
Tims Wunschzettel:
eine Torte

2. Schreibe deinen eigenen Wunschzettel.

H 3, S. 6, 2
Mein Wunschzettel
...

1 Ein Lerntagebuch erstellen

1 Lies den Eintrag im Lerntagebuch.
Schreibe auf, über welches Fach an den einzelnen Tagen geschrieben wurde.

H. 3, S. 7, 1
3.4.: Sport
5.4.: ...

2 Schreibe einen Eintrag über das, was du heute gelernt hast.

H. 3, S. 7, 2
...

3 Überlege, wie du ein Lerntagebuch führen möchtest.

1 Bei einem Plakat auf die Gestaltung achten

1 Lies dir das Plakat durch und achte auf die Gestaltung.

Überschrift deutlich hervorheben

Jeder soll sich wohlfühlen

Wichtiges farbig hervorheben

Das tut weh!	Das tut gut!
Ich mag dich nicht.	Ich finde dich nett.
Du darfst nicht mitspielen!	Du kannst mitmachen!
Du bist ein Blödian!	Ich finde das nicht gut, weil …
Halt den Mund!	Du hast Recht.
Hau ab!	Entschuldigung.

deutlich, groß und lesbar schreiben

kurze Texte übersichtlich anordnen

1

2 Gestalte ein Plakat mit euren Klassenregeln.
Beachte die Hinweise in den Sprechblasen
auf Seite 8.

Ich höre zu.

Ich melde mich.

Ich räume meine Sachen auf.

Ich flüstere bei der Partnerarbeit.

...

3

1 Mit einem Plakat werben

1 Lies den Text.

Alle vier Jahre wählten die Tiere einen König.
Der Löwe liebte die Wahlen, denn die Tiere stimmten immer für ihn.
Er stellte sich auf einen Hügel und fragte: „Wer ist für mich?“
Und alle Tiere riefen: „Wir sind alle für dich!“
(…)

Einmal aber war es anders.
„Was nützt die Wahl,
wenn man keine Wahlen hat?“,
fragte die kleine graue Maus,
„du brauchst einen Gegenkandidaten,
sonst macht das doch überhaupt
keinen Sinn!“

Der Löwe stellte sich der Herausforderin
und ließ ein Plakat von sich malen.

Aber auch die kleine Maus hatte ein Plakat gemalt.

Als die anderen Tiere das riesige Plakat sahen, wollten sie mitspielen.

2 Wähle ein Tier aus, das du gerne sein würdest und gestalte ein Plakat für das Tier.

3 Stellt euch gegenseitig eure Plakate vor. Überlege, wen du wählen würdest.

2 Wörter zu einem Thema finden

1 Finde alle Wörter, die zum Thema **Bauernhof** passen. Schreibe sie in dein Heft.

H. 3, S. 12, 1
Misthaufen,

Misthaufen	Schweine	Zug		
Futter	Eier	Hühnerstall	Bauernhof	
Kühe	Tafel	Traktor	Eisbär	Bauer

2

2 Beschreibungen zusammensetzen

1 Finde zu jedem Bild die passenden Sätze.
Male und schreibe sie in dein Heft.

H. 3, S. 13, 1

Es ist eine Pflanze.

Es ist eine Pflanze. | Es hat einen Stachel.

Die Blätter sind grün. | Es ist ein Tier.

Es ist ein Ding. | Es hat Zweige und Blätter.

Es hat eine Tür und Fenster.

Das Dach ist rot. | Der Körper ist gelb und schwarz.

2 Suche dir ein Bild aus oder male selbst etwas
in dein Heft. Beschreibe, was du siehst.

H. 3, S. 13, 2
Es ist ...

→ AH Seite 16

2 Rätsel schreiben

1 Lies die Rätsel. Alle beschreiben dasselbe Tier.
Male das Tier in dein Heft.

Es ist ein Tier.
Es ist grau.
Es hat einen Schwanz.
Es hat vier Beine.

Ich glaube,
ich weiß es!

Es ist ein Tier.
Es ist grau.
Es hat einen Rüssel.
Es hat Stoßzähne.

Es ist ein Tier.
Es ist grau.
Es hat große Ohren.
Es ist nicht klein.

2 Schreibe das Rätsel ab, welches das Tier
am genauesten beschreibt.

H. 3, S. 14, 2
Es ist ein Tier.
Es ...

3

→ AH Seite 17

2 Eine genaue Beschreibung verfassen

1 Verfasse zu einem Kaninchen eine Beschreibung.

H. 3, S. 15, 1
...

2 Lies die Beschreibung deines Partnerkindes.
Ordne die Beschreibung dem richtigen Bild zu.
Überlege, an welcher Stelle du die Lösung wusstest.

3 Male selbst drei Bilder zu einem Tier.
Erstelle zu einer deiner Zeichnungen eine Beschreibung.
Dein Partnerkind ordnet die Beschreibung dem richtigen Bild zu.

3 Einen Steckbrief für eine Person schreiben

① Ordne den Steckbrief der passenden Person zu.

Name:	…
Größe:	1 Meter
Haare:	rot
Augenfarbe:	blau
Kleidung:	Taucheranzug und Flossen
Besondere Kennzeichen:	blaue Punkte

H. 3, S. 16, 1
Es ist …

② Ordne die Wörter den Begriffen richtig zu.
Schreibe den Steckbrief übersichtlich in dein Heft.

H. 3, S. 16, 2
Name: Wickie
Größe:

halblang und rot | 1 m 20 cm | **Wickie**

blau | sehr schlau | Wikingerhelm und Kettenhemd

Name:	…
Größe:	…
Haare:	…
Augenfarbe:	…
Kleidung:	…
Besondere Kennzeichen:	…

③ Suche dir eine eigene Figur aus einem Buch, Film oder Hörspiel.
Erstelle für sie einen Steckbrief.

→ AH Seite 23

3 Einen Steckbrief für eine Pflanze schreiben

1 Sieh dir die Fotos genau an.
Schreibe zu jeder Blume
einen Steckbrief.

H. 3, S. 17, 1
Name: Sonnenblume
Größe: 2 Meter
Farbe der Blüte: ...
Form der Blüte: ...
Form der Blätter: ...

Sonnenblume | **Schneeglöckchen**

gelb | 2 Meter | breit | wie eine Glocke | weiß

wie eine Sonne | 10 Zentimeter | schmal

2 Wähle einen Steckbrief aus und
beschreibe die Blume in ganzen Sätzen.

H. 3, S. 17, 2
Diese Blume heißt ...
Sie ist ...

3 Lies den Text deines Partnerkindes.
Überprüfe, ob alle wichtigen Informationen enthalten sind.
Überarbeite deinen Text mithilfe der Vorschläge.

3 Einen Steckbrief für ein Tier schreiben

1. Lies den Text und zeichne die beiden Vögel in dein Heft.

> **Die Amsel**
>
> Die Amsel ist ein Singvogel. Das Männchen erkennt man an seinen tiefschwarzen Federn und seinem leuchtendgelben Schnabel. Um die Augen hat das Männchen einen gelben Augenring.
>
> Die Federn des Weibchens sind dunkelbraun. Es hat einen braunen Schnabel.
>
> Beide haben dunkelbraune Beine.
>
> Die Amsel ist ungefähr 25 Zentimeter lang und wiegt ungefähr 100 Gramm. Das Amselweibchen ist etwas kleiner als das Männchen.

H. 3, S. 18, 1
Amselmännchen:

Amselweibchen:

2. Schreibe einen Steckbrief über das Amselweibchen oder das Amselmännchen.

H. 3, S. 18, 2
Name: ...
Größe: ...
Gewicht: ...
Farbe der Federn: ...
Besondere Kennzeichen: ...

3 Steckbriefe und Beschreibungen vergleichen

1 Vergleiche die Texte.

cm = Zentimeter
g = Gramm

STECKBRIEF

Name:	Eichhörnchen (Eichkätzchen)
Größe:	Körper 20–25 cm Schwanz 15–20 cm
Gewicht:	ungefähr 300 g
Farbe des Fells:	rotbraun, braun oder dunkelbraun

BESCHREIBUNG

Das Eichhörnchen wird manchmal auch Eichkätzchen genannt. Der Körper ist 20–25 cm lang und der Schwanz 15–20 cm. Es wiegt ungefähr 300 g. Das Fell ist rotbraun, braun oder schwarz.

2 Schreibe über den Igel einen Steckbrief oder eine Beschreibung.

H. 3, S. 19, 2
...

Igel	22–30 cm	ungefähr 1 kg	braune Stacheln mit weißer Spitze

3 Überlege, begründe und besprich mit einem anderen Kind:
- ob für dich der Steckbrief oder die Beschreibung leichter zu erstellen ist.
- bei welcher Darstellung du schneller Informationen findest.

3 Ein Referat vorbereiten

1 Tim will der Klasse etwas über Füchse erzählen.
Lies genau, was er für sein Referat vorbereitet hat.

Mein Tier:	Der Fuchs
Das Tier gehört zu:	der Familie der Hunde.
So alt kann es werden:	bis zu 9 Jahre
Es wiegt als Baby:	nur um die 100 Gramm
Es wiegt ausgewachsen:	bis zu 10 kg

Sein Aussehen kann ich so beschreiben:
Ähnlich wie bei einem Hund, aber mit kürzeren Beinen.
Er ist lang gestreckt mit einem langen, buschigen Schwanz.
Das Fell ist rotbraun und unter der Schnauze und am Bauch weiß.

Es frisst:
Mäuse, Insekten, Vögel, Beeren, Obst, Essensabfälle des Menschen

Das ist an dem Tier besonders interessant:
Füchse sind sehr schlau, sehr schnell und sie können gut springen.

Ich habe das Tier ausgewählt weil:
ich Füchse so schön finde. In den letzten Ferien habe ich auf einem Bauernhof eine ganze Fuchsfamilie gesehen.

3 Ein Referat halten

1 Suche dir selbst ein Tier.
Sammle die Informationen zu den Fragen auf Seite 20.

2 Übe deinen Vortrag.

- Achte auf Pausen.
- Achte auf Betonungen.
- Sprich deutlich.

3

3 Eine Suchanzeige für ein Tier schreiben

① Lies die Suchanzeige genau.

Wer hat unsere Katze gesehen?

Mini ist entlaufen!

Wir suchen seit dem Wochenende
unsere graue Katze.
Sie trägt ein rosa Halsband mit
weißen Punkten und eine rosa Schleife.
Ihre Augen sind braun.

Hinweise bitte an Familie Pfeifer

(Tel.: 08731 / 9466755)

② Schreibe eine ähnliche Suchanzeige
für den Pudel.
Entscheide selbst, ob du in Stichpunkten
oder in ganzen Sätzen schreiben willst.

H. 3, S. 22, 2
Wer hat unseren
Pudel gesehen?

Wer hat unseren
Pudel gesehen?

4 Einen Geburtstagskalender erstellen

1 Schau dir den Geburtstagskalender genau an.

Januar	Februar	März
1. Tim, 16. Lea	15. Malte	3. Dennis, 27. Laura
April	**Mai**	**Juni**
22. Franka	7. Leon	6. Lotte, 9. Julia
Juli	**August**	**September**
	3. Hanna	
Oktober	**November**	**Dezember**
2. Niklas	9. Jonas, 16. Lukas	22. Finn

2 Erstelle einen Geburtstagskalender deiner Klasse.

3 Erstelle ein Säulendiagramm.

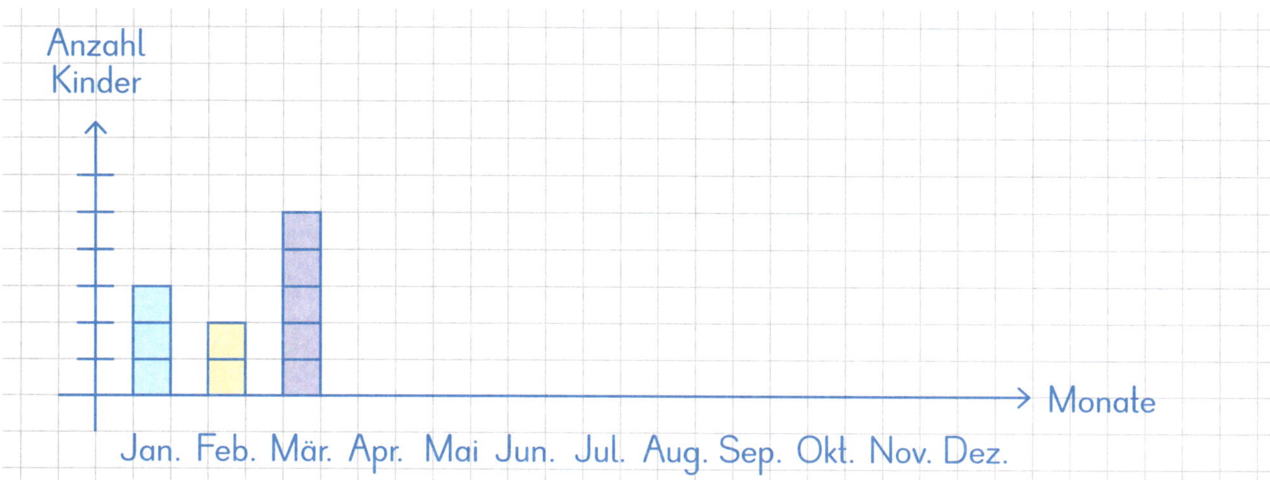

→ AH Seite 31

4 Einen Freizeitplan erstellen

1 Sieh dir die Freizeitpläne für diese Woche an.

Das ist Lisas Freizeitplan:

Mo	Di	Mi	Do	Fr
Fußball	lesen	fernsehen	Tim treffen	Klavier

Das ist Tims Freizeitplan:

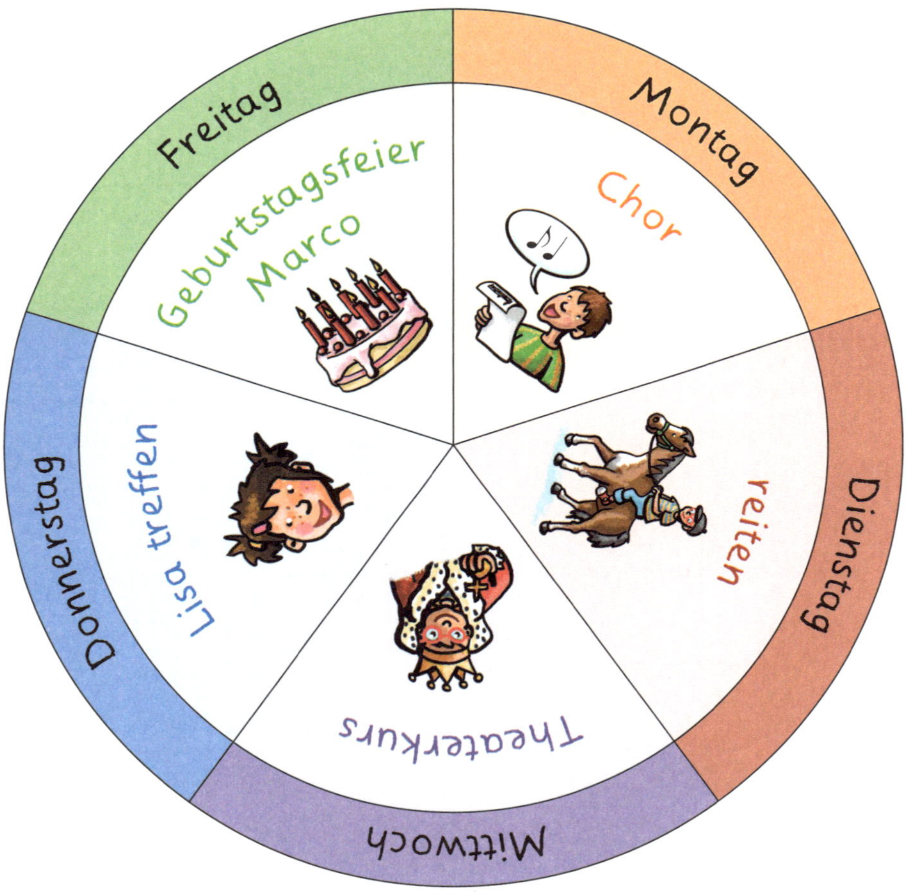

2 Erstelle selbst einen Freizeitplan.

→ AH Seite 32

4 Eine Wegbeschreibung ordnen

1. Tim geht in die Bäckerei. Sieh dir den Plan an. Nummeriere die Wegbeschreibung in der richtigen Reihenfolge.

H. 3, S. 25, 1
A...

M	Dann läuft er die Torstraße rechts entlang.
L	Nun geht er rechts bis zur Bäckerei.
P	Als Nächstes überquert er die Schlüterstraße an der Ampel.
A	Zuerst kommt Tim aus dem Haus und geht über den Zebrastreifen.
E	Danach läuft er die Schlüterstraße links entlang bis zur Kreuzung.

2. Tim trifft sich mit seinen Freunden im Innenhof der Teckstraße. Beschreibe den Weg.

H. 3, S. 25, 2
Zuerst kommt Tim ...

4 Den Weg zu einem Schatz beschreiben

1 Lies den ersten Hinweis und sieh dir den Plan genau an.
Suche den nächsten Hinweis.

2 Zeichne oder schreibe den zweiten Hinweis.

H. 3, S. 26, 2
…

3 Zeichne oder schreibe den dritten Hinweis, der die Kinder zum Schatz führt.

H. 3, S. 26, 3
…

5 Reimwörter zuordnen

1 Ordne die richtigen Wörter zu und schreibe die Reimpaare in dein Heft.

H. 3, S. 27, 1
du – zu

will	wir	sing	zu
machen	lauf	vor	

Wir

Ich bin ich und du bist du.
Wenn ich rede, hörst du ___

Wenn du sprichst, dann bin ich still,
weil ich dich verstehen ___.

Wenn du fällst, helf ich dir auf,
und du fängst mich, wenn ich ___.

Wenn du kickst, steh ich im Tor,
pfeif ich Angriff, schießt du ___.

Spielst du pong, dann spiel ich ping,
und du trommelst, wenn ich ___.

Allein kann keiner diese Sachen,
zusammen können wir viel ___,

Ich mit dir und du mit mir,
das sind ___.

Irmela Brender

→ AH Seite 38

5 Abzählverse untersuchen

1 Lies die drei Abzählverse laut.
Überlege, in welcher Sprache und in welchem Dialekt die Verse geschrieben sind.

Ein rotes, altes Schiff
fuhr auf ein großes Riff.
Dort schwamm eine Maus
und du bist raus.

Uno, due, tré
Spaghetti, patate, caffé,
Spaghetti, patate, caffé, caffé
Uno, due, tré

So sprichst du das aus:
Uno, due, trä
Spagetti, patate, gaffä
Spagetti, patate, gaffä, gaffä
Uno, due, trä

Und das bedeutet:
Eins, zwei, drei,
Spagetti, Kartoffeln, Kaffee,
Spagetti, Kartoffeln, Kaffee, Kaffee,
Eins, zwei, drei

Adam is in' Gartn ganga
Wie viel Vögl hat a g'fanga?
Oan? Zwoa? Drei?
Aus der Reih!

Und das bedeutet:
Adam ist in den Garten gegangen,
Wie viele Vögel hat er gefangen?
Einen? Zwei? Drei?
Aus der Reih'!

5 Einen eigenen Abzählvers schreiben

1 Erfinde einen eigenen Abzählvers.

und du bist raus.

H. 3, S. 29, 1
Ein frecher Pudel
stahl ...

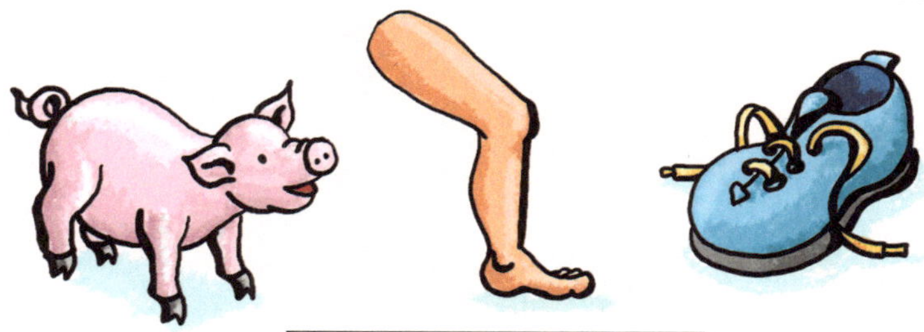

raus bist du.

Du bist weiter.

2

5 Ein Wortgedicht schreiben

1 Lies dir das LOLA-Wortgedicht durch.

L USTIG

O RDENTLICH

L IEB

A LBERN

2 Schreibe ein Wortgedicht zu TIM.

H. 3, S. 30, 1

T

I

M

3

5 Elfchen kennen lernen

1 Diese Gedichtform heißt Elfchen.
Zähle die Wörter in jeder Zeile.
Schreibe die Zahl auf.

H. 3, S. 31, 1
Zeile 1: 1 Wort
Zeile 2: ... Wörter
Zeile 3: ...

Weiß
viele Schneeflocken
schweben vom Himmel
Ich baue einen Schneemann
Winter

Schön
überall Blumen
Rote, weiße, gelbe
Ich pflücke einen Strauß
Frühling

2 Überlege, warum diese
Gedichtform **Elf**chen heißt.

Seit wann
muss man in Deutsch
rechnen?

5 Ein Elfchen schreiben

1

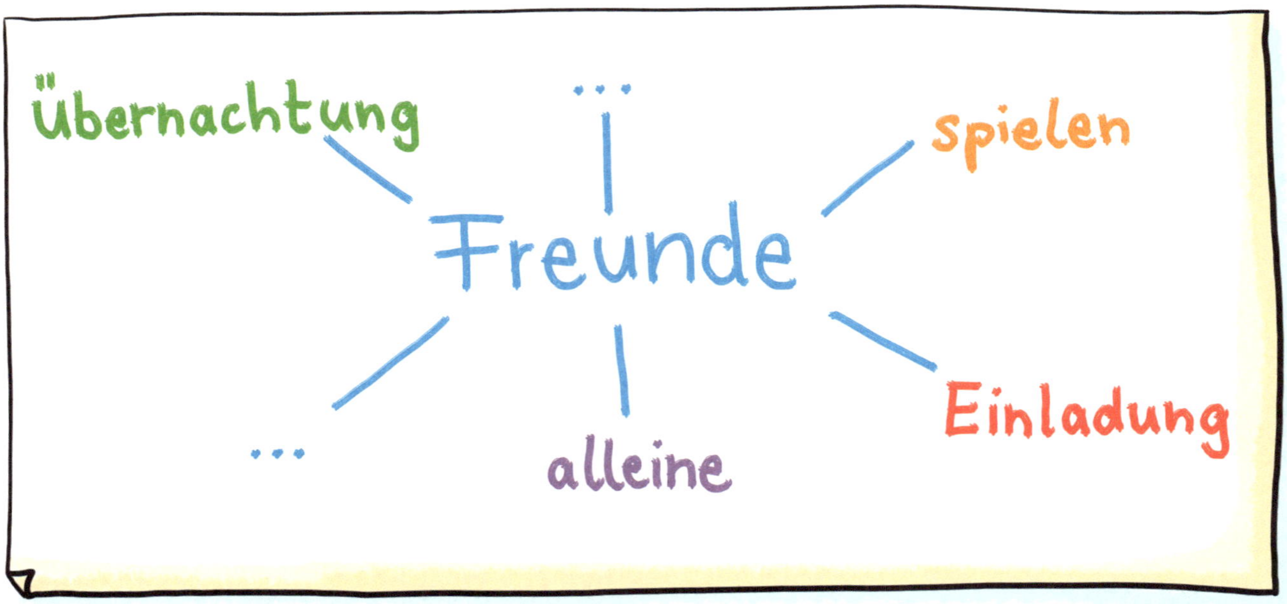

2 Schreibe selbst ein Freundschafts-elfchen.

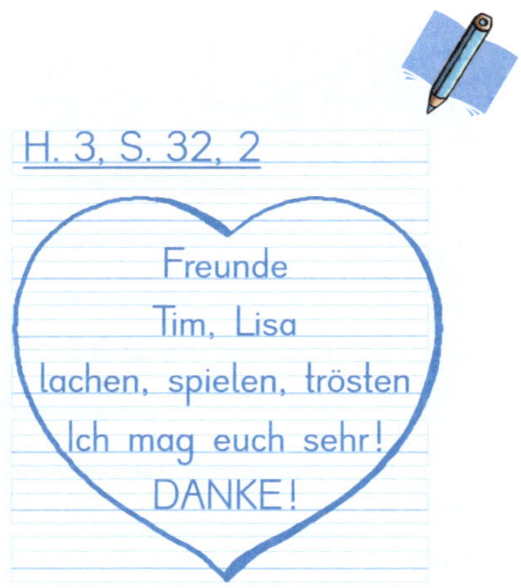

3

5 Gedichte zu einem Bild schreiben

1. Betrachte das Bild genau.
Schreibe entweder ein Elfchen,
ein Wortgedicht oder ein Reimgedicht.

H. 3, S. 33, 1
Geisterbahn!
...

Karussell
lachende Menschen
Dirndl und Lederhosen
Ich esse viel Zuckerwatte
Oktoberfest

J uhu!
A chterbahn
H
R
M
A
R
K
T

Über den Jahrmarkt laufen,
Lose kaufen
...

6 Kurze Botschaften vergleichen und schreiben

1 Suche dir ein Partnerkind. Besprecht euch, bei welcher Nachricht Mama am besten erkennt, um was es geht.

2 Schreibe eine kurze Nachricht.

H. 3, S. 34, 2
Für Papa:

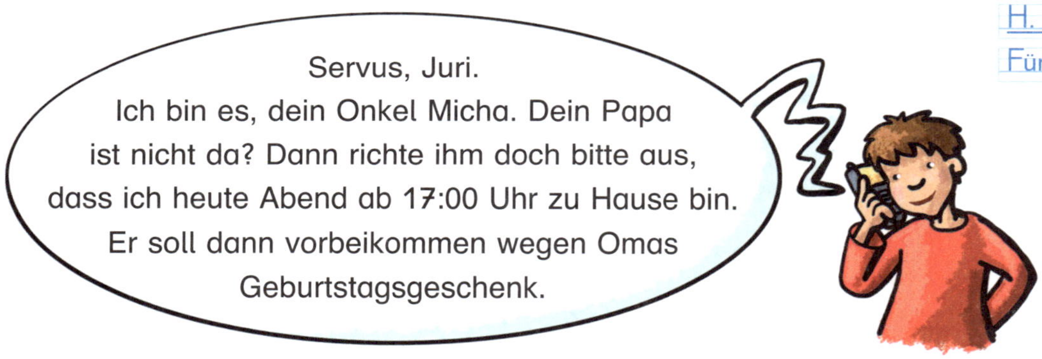

3 Überprüfe die Nachricht deines Partnerkindes.
Achte darauf, ob alle wichtigen Angaben enthalten sind:
- Wer hat angerufen?
- Warum?
- Was soll erledigt werden?

6 Eine Einladung schreiben

1 Lies dir Lisas Geburtstagseinladung durch.

Einladung
zum GEBURTSTAG!

Für wen? — Lieber Tim,

Datum — am Freitag, 14. März,
feiern wir

Uhrzeit — von 15 bis 18 Uhr

Ort — im Lerchenweg 10
meinen 8. Geburtstag.

Kommst du?
Bitte gib mir bis Montag Bescheid.

Telefon — Telefonnummer: 089-315010

Viele Grüße

Von wem? — Lisa

2 Gestalte eine Einladung zu deiner Geburtstagsfeier.
Achte auf alle wichtigen Informationen.

→ AH Seite 45

6 Adressen schreiben

1 Lies die Karte und den Briefumschlag.
Schau dir die Bestandteile einer Adresse genau an.

2 Ordne richtig zu.

H. 3, S. 36, 2
Vorname: Tina
Nachname: Fuchs

3 Schreibe deine Adresse auf.
Achte auf die richtige Reihenfolge.

H. 3, S. 36, 3
...

6 Einen Brief schreiben

1 Lies den Brief und schau ihn dir genau an.

Ort, Datum

Anrede

Grüße

Nürnberg, 04.02.2015

Liebe Tina,

der Besuch bei euch hat mir sehr gut gefallen. Die Rückfahrt mit dem Zug war auch sehr schön. Ich saß neben einem Mädchen, das zu seiner Oma fuhr. Traust du dich schon alleine Zug zu fahren? Du könntest mich ja mal besuchen.

Liebe Grüße

Deine Oma

2 Schreibe auf, was bei den einzelnen Briefen fehlt.

H. 3, S. 37, 2
Brief A: es fehlt: Ort, …

A

Liebe Tina,

ich wünsche dir und deinen Eltern ein schönes Weihnachtsfest.

B

Heute war kein guter Tag. In der Schule gab es Streit. Wann kommst du?

Deine Tina

3 Schreibe einen Brief. Achte auf den Aufbau.

H. 3, S. 37, 3
München, …

4 Überlege:
- Wann schreibst du einen Brief?
- Wann schreibst du eine Postkarte?
- Wann schreibst du eine Botschaft?

6 Briefe an die Löwin schreiben

1 Lies die Geschichte vom Löwen, der nicht schreiben konnte.

Der Löwe konnte nicht schreiben.
Aber das störte den Löwen nicht, denn der Löwe konnte brüllen und Zähne zeigen und mehr brauchte er nicht.
Eines Tages aber traf er eine Löwin, die las in einem Buch und war sehr schön. Eine Löwin, die liest, ist eine Dame.
Und einer Dame schreibt man Briefe. Also brauchte der Löwe Hilfe.

Zuerst schrieb der Affe einen Brief für ihn.

Liebste Freundin,
wollen Sie mit mir
auf die Bäume klettern?
Ich habe auch Bananen.
Total lecker!
Gruß Löwe

„Aber neiiiiiin!“, brüllte der Löwe.
„So etwas hätte ich doch nie geschrieben!“

6

Der Löwe ließ auch andere Tiere Briefe schreiben, doch mit keinem war er zufrieden.

2 Wähle ein Tier aus und schreibe einen Brief.

H. 3, S. 39, 2
Liebe Löwin,
...

3 Lest euch die Briefe an die Löwin vor. Entscheidet gemeinsam, ob sie dem Löwen gefallen würden oder nicht.

4 Schreibe für den Löwen einen Brief an die Löwin, mit dem er zufrieden ist.

7 Eine Bastelanleitung ordnen

1 Ordne die Sätze in die richtige Reihenfolge.
Schreibe die Bastelanleitung ab.

H. 3, S. 40, 1
Mäuse aus Steinen
...

Du brauchst
Steine, Filzstift, Klebstoff,
Filz, Wolle

Nun klebst du die Ohren auf den Stein.

Dann schneidest du aus Filz Ohren aus.

Mäuse aus Steinen

Zuletzt klebst du ein Stück Wolle als Schwanz an.

Zuerst malst du mit einem Filzstift zwei Augen auf den Stein.

2

7 Satzanfänge bei einem Rezept verändern

1 Lies das Rezept.

Zutaten:
1 Fladenbrot,
3 Tomaten,
2 Päckchen
Schafskäse,
etwas Petersilie

Türkisches Brot

Zuerst halbiere ich
das frische Fladenbrot.

Dann schneide ich
die Tomaten in Scheiben.

Dann belege ich das Brot
mit den Tomatenscheiben
und Schafskäsestückchen.

Dann schneide ich die Petersilie klein
und streue sie über das Brot.

Dann backe ich das Brot im Ofen.

2 In dem Rezept beginnen
einige Sätze mit dem gleichen Wort.
Schreibe das Rezept neu.
Verändere die blauen Satzanfänge.

H. 3, S. 41, 2
Türkisches Brot
Zuerst halbiere ich ...

Danach	Nun	Jetzt
Zuletzt	Als Nächstes	Anschließend

→ AH Seite 53

7 Ein Rezept schreiben und überarbeiten

1. Ordne das Rezept in der richtigen Reihenfolge.
Schreibe auf, wie du Rührei mit Speck machst.

H. 3, S. 42, 1
Zuerst schlage ich
die Eier …

Zutaten für 4 Kinder:
8 Eier, 4 Esslöffel Öl,
1 Tasse Milch,
1 Packung Speck (Würfel),
Salz, Pfeffer

Öl und Speck in einer Pfanne erhitzen

Eier in eine Schüssel schlagen

Eiermilch mit einer Gabel gut durchrühren

Milch, Salz und Pfeffer dazugeben

Eiermilch zum gebratenen Speck gießen und gut durchrühren

Rührei mit Speck

2. Überprüfe das Rezept deines Partnerkindes.
   - Ist das Rezept in der richtigen Reihenfolge?
   - Beginnen die Satzanfänge unterschiedlich?

3. Überarbeite deinen Text mithilfe der Vorschläge.

7 Eine Spielanleitung ergänzen und schreiben

1 Betrachte die Bilder.
Schreibe die Spielanleitung.

H. 3, S. 41, 1
Spielanleitung:
Schnüre sammeln

Zuerst stecken sich alle
Mitspieler …

Mäuseschwänzchen sammeln

Zuerst stecken …

Als Erstes …

Danach …

Jetzt …

Nun …

Dann …

Zuletzt …

Am Schluss …

2 Suche dir ein eigenes Fang-Spiel.
Erkläre es deinem Partnerkind.

H. 3, S. 43, 3
Mein Fang-Spiel:

3 Schreibe eine Anleitung für ein Fang-Spiel.

→ AH Seite 54

7 Eine Bastelanleitung erstellen

1 Schreibe eine Bastelanleitung für Klecksbilder.
Die Abbildungen helfen dir.

2

8 Einleitende Sätze untersuchen und schreiben

1 Lies die Anfänge.

Kennst du Ätze? Ätze ist ein Tintenmonster. Er braucht Tinte so nötig wie ein Vampir Blut. Er hält sich für das größte, schrecklichste Monster der Welt, dabei passt er in eine Streichholzschachtel.

Ätze erlebt so allerhand …

Ätze war gefangen! Er hockte in einem engen Pappkarton. Stockfinster war es rings um ihn herum. Der Karton schaukelte hin und her. Er rutschte auf ein Rollband …

Ätze hörte Stimmen. Seine Augen glänzten gierig. Er wälzte sich aus seinem Spinnwebenbett.

Eines Morgens im Februar stand der Hausmeister im Keller und sagte zu einigen Männern im Overall: „Dieser Raum sieht besonders schlimm aus! Die Risse müssen verspachtelt werden. Außerdem sollten wir etwas gegen das Ungeziefer tun!“ Ätze bekam eine Gänsehaut.

2 Vieles ist in den Anfängen gleich.
Untersuche und benenne.

H. 3, S. 45, 2
Wer: …
Wo: …

3 Schreibe einen eigenen Anfang für eine Ätze-Geschichte.

→ AH Seite 62

8 Eine Geschichte entwickeln

1 Du bestimmst, wie die Geschichte weitergeht.
Entscheide dich jeweils für eine Möglichkeit.
Lies deine Geschichte deinem Partner vor.

Gestern war Anna im Schwimmbad. Sie kletterte auf den Sprungturm, obwohl sie noch nie vom Dreier gesprungen ist.

↓ Sie hielt sich die Nase zu und trat mutig an den Rand des Bretts.

↓ Anna sah hinunter in das Becken und trat vorsichtig einen Schritt vor.

↓ Anna sprang!

↓ **Plötzlich** wollte sie aber auf keinen Fall mehr springen. Doch da rutschte sie aus und fiel!

↓ **Doch dann** kletterte sie rückwärts die Leiter wieder herunter.

2 Lies deine Geschichte laut.
Achte auf die Betonung.

3 Lest euch gegenseitig eure Geschichten vor.
Überlegt gemeinsam:
- Ab wann wird die Geschichte spannend?
- Sucht in anderen Geschichten die Stelle, an der es spannend wird.

8 Einen passenden Schluss auswählen

1 Lies die Geschichte.
Wähle den Schluss, der dir am besten gefällt.
Schreibe ihn in dein Heft oder erfinde selbst einen Schluss.

H. 3, S. 47, 1
...

Lisa hat Geburtstag

Nach dem Aufwachen rannte Lisa voller Erwartung ins Wohnzimmer. Dort blieb sie wie erstarrt stehen. „Wo sind denn meine Geschenke?“, rief sie empört. Papa saß einfach am Frühstückstisch und aß sein Müsli. Lisa setzte sich enttäuscht dazu. Sie hatten ihren Geburtstag wirklich vergessen. Doch auf einmal stürmten Mama, Oma und Tom herein. Alle drei sangen ein Geburtstagslied. Oma hielt eine Torte mit acht Kerzen in der Hand.

Lisa pustete die Kerzen aus und dachte: „Na wartet, Rache ist Blutwurst!“

Das war der lustigste Streich, den Lisa je erlebt hatte.

Erleichtert rief Lisa: „Toll, ich dachte schon, ihr hättet mich vergessen!“

8 Für Texte eine Überschrift finden

1 Lies die Texte.
Ordne die Überschrift zu, die am besten passt.

H. 3, S. 48, 1
Geschichte 1: …

Ein aufregender Wandertag	Ein Wandertag mit schlimmem Ende

Die Klasse 2a machte kurz vor den Ferien eine Wanderung. Am Waldrand entdeckten sie ein Reh. Es hatte sich in einem Zaun verfangen! Die Lehrerin wollte die Polizei anrufen, doch da kam schon der Förster angelaufen und befreite das Tier. Das Reh sprang schnell davon – anscheinend hatte es sich nicht verletzt. So ein Glück!

Die Klasse 2b wanderte zu einer Burgruine. Dort aßen sie ihr Picknick und erkundeten das Gelände. Als Tim auf eine alte Burgmauer kletterte, verlor er das Gleichgewicht und fiel hin. Sein Arm tat weh und wurde dick. Am nächsten Tag kam er mit einem Verband in die Schule. Er hatte sich den Arm verstaucht.

2 Finde für den Text selbst eine passende Überschrift.

H. 3, S. 48, 2
…

Die Klasse 2c wanderte zu einer Quelle, aus der ein kleiner Bach entsprang. Dort wollte Lea ihr selbst gebautes Boot erproben. Doch sie rutschte aus und landete im Wasser. Gerade wollte sie anfangen zu weinen, als sie sah, wie ihr Boot losschwamm. Nun freute sie sich und war stolz. Zum Glück war es so heiß, dass ihre Kleider bald trockneten.

8 Eine Geschichte zu Ende schreiben

1 Lies dir den Anfang der Geschichten durch.
Schreibe eine der Geschichten weiter.

H. 3, S. 49, 1
Plötzlich …

Heute geht Tina ganz früh ins Bett.

Sie ist richtig sauer.

Den ganzen Tag hat sie sich mit ihrer Schwester Betti gestritten.

Betti hat Tinas Puppe die Haare abgeschnitten.

Am liebsten wäre sie weit, weit weg.

Fort von ihrer Schwester.

Nun versucht sie zu schlafen.

Plötzlich …

Linus steht vor dem großen Baum.

Die Äste hängen tief bis auf den Boden hinab.

Einladend sieht das aus.

Wie eine Treppe, denkt Linus.

Er beginnt, den Baum hinaufzuklettern.

Das geht ganz leicht!

Nach wenigen Augenblicken ist er schon
weit oben in der Baumkrone.

Plötzlich …

2 Lest euch die Geschichten vor.
Überlegt euch gemeinsam eine Überschrift zu euren Geschichten.

→ AH Seite 63

8 Eine Entscheidungsgeschichte schreiben

1. Du kannst auswählen, wie die Geschichte verläuft. Bei jedem Rahmen musst du dich für einen Pfeil entscheiden.
Schreibe deine Geschichte auf.

H. 3, S. 50, 1
Es war ...

Es war Sonntag. Tim wollte einen Ausflug machen.

Er ging mit seinem Vater zum Angeln an einen See.

Mit einem Freund ging er an einen Bach zum Angeln.

Tim angelte einen alten Schuh.

Tim angelte einen Fisch.

Tim warf ihn wieder ins Wasser.

Tim nahm ihn mit nach Hause.

Zu Hause erzählte Tim seiner Mutter von seinem Angelerlebnis.

9 Eine Erlebnisgeschichte schreiben

1 Lies die Geschichte genau.

Ein wilder Kampf — Überschrift

Ich spielte mit meinem kleinen Hund Plum nach der Schule auf der Wiese Ball.

Plötzlich raste ein riesiger schwarzer Hund auf uns zu. Er schnappte sich unseren Ball und rannte davon! — Plötzlich …

Plum rannte sofort hinter ihm her. Die beiden Hunde kämpften wild. Sie knurrten und bissen sich. Ich weinte vor Angst. — Und dann?

Doch am Schluss kam Plum stolz mit dem Ball im Maul zu mir gelaufen. Er hatte gegen den großen Hund gewonnen! — Doch am Schluss …

2 Was hast du einmal erlebt? Erzähle.

3 Schreibe deine Geschichte.
Versuche, so spannend oder lustig wie möglich zu schreiben.
Du kannst dir auch einen Partner suchen.

9 Zu Fragen schreiben

1 Lest die Fragen und Antworten.

Warum halten Bären Winterruhe?

Weil ihnen keine Winterjacke passt. Und ohne Jacke wäre es draußen zu kalt für sie.

Warum haben Schnecken ein Haus?

Weil sie gerne Campingurlaub machen.

③ Wähle eine Frage oder denke dir selbst eine Frage aus.
Beantworte sie mit einer lustigen Antwort.

H. 3, S. 53, 3
Warum …?
Weil …

Warum
ist Meerwasser
salzig?

Warum
sind Flamingos
rosa?

Warum
haben Schafe
lockiges Fell?

④ Informiere dich in einem Lexikon oder im Internet und fasse die richtige Antwort in wenigen Sätzen zusammen.

H. 3, S. 53, 4
Nein! …

9 Zu einem Bild schreiben

1 Sieh dir das Bild genau an.

2 Schreibe eine Geschichte zu dem Bild.

3

→ AH Seite 70

9 Zu einer Medienfigur schreiben

1 Erzählt euch Geschichten von Shaun dem Schaf.

Das ist Shaun, das Schaf.

Es wohnt mit den anderen Schafen, dem Hütehund Blitzer und vielen anderen Tieren auf einem kleinen Bauernhof.

Shaun ist ein wenig anders als die anderen Schafe in seiner Herde – er ist nämlich neugierig und er hat viele lustige Einfälle!

2 Suche dir deine eigene Lieblingsfigur aus Film, Hörspiel oder Buch aus.

3 Schreibe eine Geschichte zu der Figur. Was könnte sie erleben?

Einsterns Schwester 2

Grundschule Bayern

Themenheft 3
Texte planen und schreiben

Herausgegeben von:	Roland Bauer, Jutta Maurach
Erarbeitet von:	Iris Samajdar
Auf der Grundlage der Ausgabe von:	Katrin Baudendistel, Daniela Dreier, Alexandra Schwaighofer
Unter Beratung von:	Enno Hörsgen, Langerringen; Dr. Klaus Metzger, Gersthofen; Dr. Helga Rolletschek, Brunnthal; Prof. Dr. Angelika Speck-Hamdan, München
Redaktion:	Anemone Fesl
Illustration:	Yo Rühmer, Frankfurt am Main
Umschlaggestaltung:	corngreen, Leipzig
Layout und technische Umsetzung:	lernsatz.de

www.cornelsen.de

1. Auflage, 1. Druck 2013

Alle Drucke dieser Auflage sind inhaltlich unverändert
und können im Unterricht nebeneinander verwendet werden.

Druck: Himmer AG, Augsburg

ISBN 978-3-06-083591-1

Dieses Heft ist Bestandteil des Pakets „Einsterns Schwester 2“ (ISBN 978-3-06-083438-9) und kann auch einzeln bestellt werden.

Inhalt gedruckt auf säurefreiem Papier aus nachhaltiger Forstwirtschaft.